Mr de Boze
Chasteauvillard
Bauche
Gandouin
Henqueville . Rupelmonde

Q

8,443

CATALOGUE
DES LIVRES

De feu M. Jacques TERRY-ATHLONE,
Roy - d'Armes & Genealogiste
d'Angleterre.

N° 1 de l'Inventaire.

NT. Albizii Stemmata Principum Chri-
stianorum. *Argent.* 1617. *figur. in fol.*
magno. — *3.5.*

Tableaux Genealogiques, ou les seize
Quartiers de nos Rois, Princes &
Princesses & Seigneurs de ce Royaume ; par Jean
le Laboureur. *Paris* 1683. *figur. in fol.* ———— 3.5.

Mercure Armorial, par Charles Segoing. *Paris*
1657. *figur. in fol.*
Le Blason des Armoiries, par Jerôme de Bara.
Paris 1628. *figur.*
Etat & comportement des Armes, par Jean
Scohier. *Paris* 1630. *figur.* — -1.10.
Tableau des Armoiries de France, par Phil. Mo-
reau. *Paris* 1630. *in fol.*

N° 2 de l'Inventaire.

Explication de l'Art Heraldique, par Jean Guillau-
me ; en Anglois. *Londres* 1679. *figur. in fol.* G P. *maroq.* 31·14·

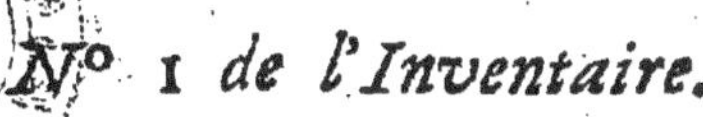

Nº 3 de l'Inventaire.

Inſtitution, Loix & Ceremonies de l'Ordre de la Jarretiere, par Ashmole; en Anglois. Londres 1672. figur. in fol.

Nº 4 de l'Inventaire.

Hiſt. geneal. des Rois d'Angleterre, par Sandfort; en Anglois. Londres 1683. figur. in fol. maroq.

Nº 5 de l'Inventaire.

Catalogue d'Honneur, ou Treſor de la Nobleſſe de la Grande Bretagne, trad. du Latin de Thomas Millès en Anglois. Londres 1610. figur. in fol. maroq.

Le Livre d'Honneur, ou cinq decades d'Epitres d'Honneur, par Fr. Markham; en Anglois. Londres 1615 in fol.

Catalogue & Succeſſion des Rois, Princes, Ducs, Marquis, Comtes, &c. du Royaume d'Angleterre, par Ralph Brooke Herault d'York; en Anglois. 1612. in fol.

Diſcours des erreurs du Livre precedent, par Auguſtin-Vincent Rouge-Croix Pourſuivant d'Armes; en Anglois. Londres 1622. in fol.

L'union de l'Honneur, contenant les Armes & Geneal. des Rois, Ducs, Marquis & Comtes d'Angleterre, par Jacques Yorke; en Anglois. Londres 1640. in fol.

Nº 6 de l'Inventaire.

Titres d'Honneur, par Jean Selden; en Anglois, 2. Edition. Londres 1631. in fol.

Explication de l'Art Heraldique, par Jean Guillim; avec une Liſte des Chevaliers de la Jartetiere , & un Catalogue des Noms & Armes des Baronnets d'Angleterre ; en Anglois. *Londres* 1660. *in fol.*

La Sphere de la Noblesse, par Sylvanus Morgan ; en Anglois. *in fol.*

Aphorismes Civils & Militaires, tirez de Guichardin, & illustrez d'Autoritez & d'Exemples par Dallington ; en Anglois. *Londres* 1613. *in fol.*

N° 7 de l'Inventaire.

Silvestri à Petra-Sancta Tesseræ Gentilitiæ ex legibus Fecialium descriptæ. *Roma* 1638. *figur. in fol. C. M.*

Explication de l'Art Heraldique, par Jean Guillaume ; en Anglois. 1662. *in fol.*

Rapports & Resolutions de Loy touchant les Maisons d'Angleterre dans les Cours de Wards & de Westminster ; recueillis par Jacques Ley Comte de Marlborough : en Anglois. *Londres* 1659. *in fol.*

Les Accedents (ou Accessoires) des Armoiries, par Gerard Legh ; en Anglois.

Oeuvres d'Armoiries, de Jean Bossewell ; en Anglois. *in 4. exemplaire double.*

Le Blason de Noblesse, par Jean Ferne ; en Anglois. *in 4.*

N° 8 de l'Inventaire.

Rudiment d'Honneur, contenant l'état abregé & genealogique de la Noblesse d'Angleterre & d'Ecosse ; en Anglois. 2 *vol. in 12. figur.*

Le même Rudiment d'Honneur, *en 3 vol. in 12. figur.*

Table chronologique de la Genealogie depuis Adam de Mylord Justin Vicomte de Mountcashell, par Dermot - Marc Carthy ; en Anglois. *in 12. maroq.*

Histoire d'Angleterre, contenant la succession des Rois, Princes, Ducs, Marquis, Comtes, Evêques, Barons & Baronnets; par P. Heylin; en Anglois. Londres 1671. in 12.

Essay sur les Marques des Armoiries, montrant l'ancienne & moderne pratique de differencier les Descendances en Angleterre & dans les autres Nations; par Alexandre Nisbet: en Anglois. Edimbourg 1702. in 12.

L'ancien usage des Marques d'Honneur ou Armoiries, avec le Catalogue de la Noblesse presente d'Angleterre & d'Ecosse, par Guil. Dugdale; en Anglois. Oxford 1682. in 8.

Honor redivivus, ou analyse de l'Honneur & des Armoiries, par Matthieu Carter; en Anglois. Londres 1660 in 8.

Catalogue exact de la Noblesse d'Angleterre & des Lords Ecclesiastiques, avec leurs Rangs, Preséances, Titres d'Honneur, Armes, &c. par Robert Dale; en Anglois. Londres 1697. in 8.

Catalogue des Ducs, Marquis, Comtes & Barons d'Angleterre & d'Ecosse; en Anglois. Londres 1646. in 8.

Abregé des principes du Blason, par le P. Mesnestrier. in 12.

Jardin d'Armoiries, contenant les Armes de plusieurs Nobles Royaumes & Maisons de Germanie Inférieure. Gand 1567. in 8.

N° 9 de l'Inventaire.

Description de la Grande Bretagne, trad. du Latin de Guil. Camden en Anglois; par Philemon Holland. Londres 1537. figur. in fol.

Le Theatre de la Grande Bretagne, par Jean Speed; en Anglois. Londres 1676. figur. in fol. magno.

Description des Isles Britanniques, ou des Royaumes d'Angleterre, d'Ecosse & d'Irlande, & des

Colonies Angloifes en Amerique ; avec un Cata-
logue alphabetique des Nobles des diverfes Pro-
vinces d'Angleterre & de Galles ; par Richard
Blome : en Anglois. *Londres* 1673. *figur. in fol.*
maroq. — 32.

N° 10 *de l'Inventaire.*

Chronique des Rois d'Angleterre jufqu'à la mort
de Jacques I, par Richard Baker ; avec une Ad-
dition du Regne de Charles I, & du Rétabliffe-
ment de Charles II ; en Anglois. *Londres* 1684.
in fol.
Hiftoire de la Grande Bretagne, jufqu'au Roy
Jacques I, par Jean Speed ; en Anglois. *Londres*
1623. *in fol.*
Antiquitez du Comté de Warwick, par Guillaume
Dugdale ; en Anglois. *in fol. fig. imp.*
Hift. de la Cathedrale de S. Paul de Londres, par
Guil. Dugdale ; en Anglois. *Londres* 1658. *figur.*
in fol.

N° 11 *de l'Inventaire.*

Hift. generale d'Irlande, par Geoffroy Keating ;
trad. de l'Irlandois en Anglois par Dermo'd
Connor. *Londres* 1723. *figur. in fol. maroq.*

N° 12 *de l'Inventaire.*

Theatrum Scotiæ, ou Defcription du Royaume
d'Ecoffe, par Jean Slezer ; en Anglois. *Londres*
1693. *figur. in fol. magno.* —
Guillelmi Petty Hiberniæ Delineatio tabulis æneis
geographicis exhibita. *in fol. magno.* — 36.

N° 13 *de l'Inventaire.*

Roderici O Flaherty Ogygia, feu Rerum Hibernicarum Chronologia. *Londini* 1685. *in* 4. ——— 8.19

Difcours pour la défenfe des Antiquitez d'Irlande ;
en Anglois. *Dublin* 1717. *in* 4. ——— 5.

Antonii Bruodini liber V. Propugnaculi Catho-
licæ Veritatis. circà Res Hibernicas ; cum Genea-
logia O Brienorum ; Catalogo Regum Hiberniæ ;
& ferie nobilium Familiarum ejufdem Regni. *in* 4. 5.15

Etat préfent de l'Angleterre fous la Reine Anne, par
Edoüard & Jean Chamberlayne ; en Anglois. *Lon-
dres* 1707. *in* 8. ——— 5.10.

Monumenta Weftmonafterienfia, ou l'Hift. de l'E-
glife de S. Pierre de Weftminfter, par Henry
Keepe ; en Anglois. *Londres* 1683. *in* 8. 2.11.

Hiftoire de la derniere Confpiration ; en Anglois.
Londres 1696. *in* 8. ——— 1.10.

Camera Regis, ou courte Defcription de Londres,
par Jean Brydall ; en Anglois *Londres* 1676. *in* 8.
Vie & Mort du Cardinal Thomas Woolfey ; en 1.4
Anglois. *Londres* 1667. *in* 8.

Défenfe de l'honneur de Marie Reine d'Ecoffe ; en
Anglois. *ondres* 1569 *in* 8. ——— 1.12

Etat des Affaires d'Irlande ; en Anglois. 1695. *in* 12. 2. 1.

Le Deferteur des fideles & vrais Amis, (contre le
Duc d'Ormond Viceroy d'Irlande ;) en Anglois.
1676. *in* 8. ——— 6

Collections ou Memoires hiftoriques des Revolu-
tions de Religion, fous les Regnes de Henry
VIII, Edoüard VI, Marie, & Elizabeth ; avec
une Addition de divers paffages omis par Dug-
dale dans fes Antiquitez de Warwick, concer-
na t les Abbayes & leur Inftitution ; en Anglois.
Londres 1686. *in* 8. ——— 5.5.

N° 14 *de l'Inventaire.*

Les Figures de la Bible, de Jodde, & autres in
fol. oblongo. ——— 11.2.

Chronica Chronicarum. *Nuremberga* 1493. *cum figu-
ris ligneis,* in fol. magno imp. ——— 5.4

N° 15 de l'Inventaire.

Les Fables d'Esope en Vers, avec des annotations
& des figures, par Jean Ogilby ; en Anglois. Lon-
dres 1668. in fol. magno
Dictionnaire François-Anglois & Anglois-François,
de Guy Miege. Londres 1688 2 vol. in fol.

N° 16 de l'Inventaire.

Andreæ Alciati Emblemata, cum Claudii Minois
commentario. Paris. 1589. figur. in 8.
Polygraphice, ou l'Art du Dessein, de la Gravû-
re, de la Peinture, &c. par Guil. Salmon ; en An-
glois. Londres 1675 figur. in 8.
Discours liturgique du saint Sacrifice de la Messe ;
en Anglois. in 8.
Caton, Tragedie de M. Addison ; en Anglois.
Londres 1713.
La Tragedie de Jane Shore, par N. Rowe ; en
Anglois. Londres 1714.
La Mere malheureuse, Tragedie de M. Philips ;
en Anglois. Londres 1713.
Essay de Critique, par M. Pope ; en Anglois.
Londres 1714. in 12.
Bible Angloise. Londres 1641. in 12.
Jacobi Saliani Annalium medulla. Paris. 1636. in 12.
De Vitis Imperatorum Romanorum Auctores ali-
quot, cum notis Bapt. Egnatii. Lugd. 1500. in 16.
Carolau Dyriau Duwiol, ou Cantiques & Noels,
en Langue Galloise. in 8.

N° 17 de l'Inventaire.

Ouvrages MSS. du la St Terry sur les Armoiries &
Genealogies des Familles d'Angleterre & d'Irlan-
de, contenus en 7 vol. in fol. dont 2 en maroq.
4 en veau, & un gros cahier non relié.

N° 18 *de l'Inventaire.*

Variations des Armes, Symboles & Devises des Rois
d'Angleterre depuis le temps de Brutus jusqu'à
présent 1604, par Segar Garter, principal Roy
d'Armes, en Anglois. *MS, sur velin avec figur.
en or & en couleurs, in 4. maroq.* — 12*l.* 1.
Escudos de Armas de los mayores Señores de Es-
paña, por Ambrosio de Salazar. MS 1635. *in 4.* — 1*l.*
MS. ancien contenant les Ecussons blasonnez de di-
verses Familles de l'Europe, commençant à la
Maison de Lorraine. *in 4.* ———— 1*l.*
Principes de la Science Heraldique. *MS in 4.* —— 1*l.*
Dictionnaire ou Repertoire alphabetique de Famil-
les & d'Armoiries. *M S. in 8.* ———— 1*l.*
Manuscrit intitulé, *Forus*, &c. contenant des Re-
cherches Historiques & Généalogiques sur l'Ir-
lande, par Geoffroy Keating; en Irlandois. *in fol.* 12*l.*
MS. très-ancien sur velin, contenant une Paraphra-
se sur les Pseaumes; en Irlandois. *in fol. imp.* 7*l.* 1.

N° 19 *de l'Inventaire.*

Les Tomes 1, 2 & 3 de l'Atlas Anglois, de Guillau-
me Nicolson. *Oxford 1680. & 1683. figur.* 3 vol.
in fol. maximo. } 51*l.*
Atlas Maritime Anglois. *Londres 1708. figur. in fol.
magno.*
Annales de la Monarchie Françoise, par M. de
Limiers. *Amsterdam 1724. figur. in fol. magno.* — 15*l.*

N° 20 *de l'Inventaire.*

Armorial universel, contenant les Armes & Blasons
des Maisons de France & de l'Europe. *Paris 1663.*
in fol. avec les additions MS. dudit S. Terry. — 5*l.*
Catalogue des Connétables, Chanceliers & autres
Grands Officiers de la Maison de France, par

Jean le Feron ; avec les Blasons enluminez. *Paris,*
Vascosan, 1555. in fol. ————

Explication de l'Art Heraldique, par Jean Guillau-
me ; en Anglois. *Londres 1632. in fol. 1.*

Noms & Armes des Chevaliers du S. Esprit creez,
par Loüis XIII. en 1633. par Pierre d'Hozier ;
avec figures gravées par Bosse. *Paris 1634. in fol.*

N° 21 *de l'Inventaire.*

L'Arcadie ou la Comtesse de Pembrok, par Phi-
lippe Sidney ; avec la Vie de l'Auteur, & quelques
autres de ses Ouvrages ; en Anglois. *Londres 1655.*
in fol. ————

Les Poësies & autres Oeuvres d'Abraham Cowley ;
en Anglois. *Londres 1668. in fol.*

Les Oeuvres de Benjamin Jonson ; en Anglois. Lon-
dres 1640. in fol. ————

Le Roman de Cassandre, trad. du François en An-
glois, par Charles Cotterell. *Londres 1676. in fol.*

Les Comedies & Tragedies de François Beaumont
& Jean Fletcher ; en Anglois. *Londres 1679. in fol.*

N° 22 *de l'Inventaire.*

Virgile, trad. en Anglois, avec des annotations & des
figures, par J. Ogilby. *Londres 1668. in fol. magno.*

Lexicon Tetraglotton, ou Dictionnaire Anglois-
François-Italien-Espagnol, de Jacques Howell.
Londres 1660. in fol. ————

Les Metamorphoses d'Ovide, trad. en Vers &
mythologisées ; avec un essay de Version en Vers
du 1. livre de l'Eneïde de Virgile ; par George
Sandys ; en Anglois. *Londres 1640. figur. in fol.* ————

N° 23 *de l'Inventaire.*

Armes des Chevaliers du S. Esprit creez par Loüis
XIII. en 1619. *in fol.* ————

Relation d'un Voyage fait en 1610 par George
    Sandys ; en Anglois. *Londres* 1617. *figur. in fol.*
Hist. generale de Normandie. *in fol. exemplaire
    gâté.*
Guil. Paradini Memoriæ noftræ libri IV. *Lugduni*
    1548. *in fol.*
Genealogies des Foreftiers & Comtes de Flandres.
    Anvers 1580. *figur.*
Principes Hollandiæ & Zelandiæ, auctore Mi-
    chaële Vofmero. *Antverp.* 1578. *figur in fol.*
Armoiries, Noms, Titres, Quartiers & Eloges des
    Chevaliers de la Toifon d'Or, par J. B. Maurice.
    La Haye 1667. *figur. in fol. magno.*
L'Etat préfent de la Chine en figures, pour M. le
    Duc & Mad. la Duchefse de Bourgogne, par le
    Pr J. Bouvet Jefuite. *Paris* 1697. *in fol.*

N° 24 de l'Inventaire.

Dendrologia, Forêt de Dodone, ou la Forêt vocale,
    par Jacques Howell ; en Anglois. *Londres* 1640.
    in folio.
Hift. de la Guerre fainte, par Thomas Fuller ; en
    Anglois. *Cambrige* 1651. *in fol.*
Les Triomphes de la Vengeance divine contre les
    Meurtres, (ou Recueil d'Hiftoires tragiques,) par
    Jean Reynolds ; en Anglois. *Londres* 1635. *in fol.*
Le même Livre. *Exemplaire double imp.*
Remarques de Guerre, par Robert Ward ; en An-
    glois. *Londres* 1639. *in fol.*
Les Principes de la Philofophie naturelle, par Mar-
    guerite Duchefse de Newcaftle ; en Anglois. *Lon-
    dres* 1668. *in fol.*

N° 25 de l'Inventaire.

Recueil de Cartes Geographiques. *in fol.*
Hiftoire univerfelle, depuis la Creation du Monde
    jufqu'à la Conquête de l'Afie par les Romains,

par Walter Ralegh; en Anglois. *Londres* 1614.
in fol. ——————————————————

N° 16 *de l'Inventaire.*

Dictionarium Etymologicum Latinum & Anglicum
   Francisci de Sacra-Quercu; cum Joan. Rideri
   Dictionario Anglico-Latino : omnia emendata &
   aucta per Franciscum Holyoke. *Londini* 1659.
   in 4. ——————————————————

Livre d'Emblêmes, en Flamand, avec figures. *in* 4.
   imp. ——————————————————

Florentii Schoonhovii Emblemata. *in* 4. *figur.* ——

Grammaire Françoise de M. de Grimarest. *in* 4. ——

Alvearie, ou Dictionnaire Anglois-Latin-Grec-
   François, de Jean Barett. *Londres* 1580, *in fol.*

Trophées d'Armes, Ornemens, Plafons, & Che-
   minées, dessinez & gravez par Jean le Pautre.
   in 4. *oblongo.* ——————————————

Livre d'Ecriture & d'Arithmétique d'Edoüard Coc-
   ker; en Anglois. *in* 4. *oblongo.* ——————

Livre de Chiffres inventé & gravé par Charles Ma-
   velot. 1680. *in* 4. ——————————————

Trophées d'Armes Heraldiques, ou la Science du
   Blason, par de P.... *Paris* 1655 *in* 4.

Le Fils desavoüé, Tragicomédie de Guerin. *in* 4.

Trésor de Cartes enrichy d'explications pour in-
   struire tant en la Geographie qu'en la conduite
   des Armées & logemens des Gens de Guerre.
   in 4. *oblongo.* ——————————————

Origine & Pratique de l'Art du Blason, avec le
   Dictionnaire Armorial, ou Explication des Ter-
   mes Latins de cet Art, par le P. Philbert Monet
   Jesuite. *Lyon* 1659. *in* 4.

L'Amelioration de l'Angleterre par la Mer & par la
   Terre, par André Yarranton; en Anglois. *Lon-*
   dres 1677. *in* 4. ——————————————

Nouveau Testament, traduit en Anglois avec des
   annotations. *Rheims* 1582. *in* 4. ——————

N° 27 de l'Inventaire.

La Science des Armoiries, ou l'Indice Armorial de Louvan Geliot, augmenté par Pierre Palliot. *Dijon 1660. figur. in fol.* ———

Jurisprudentia Heroïca, five de Jure Belgarum circa Nobilitatem & Infignia. *Bruxellis 1668. figur. in fol.*

N° 28 de l'Inventaire.

Emblemata Horatii, æneis imaginibus expreſſa cum notis ſtudio Othonis Vænii. *Antverp. 1611. in 4.*

Miſcellanea *MSS. in 4. broché.* ———

Armorial Allemand. *5 vol. in 4. oblongo. figur.*

Joachimi Camerarii Symbola & Emblemata ex Re Herbaria & Animalibus. *Francofurti 1661. figur. in 4.*

Deviſes heroïques & morales, de Pierre le Moyne. *Paris 1649. figur. in 4.*

Recüeil d'Opera & de Tragedies ; en Anglois. *in 4. 1693.*

N° 29 de l'Inventaire.

Fables d'Eſope & autres Auteurs, trad. en Anglois avec des reflexions morales, par Roger l'Eſtrange. *Londres 1714. 2 vol. in 8.* ———

Remarques concernant l'Angleterre, par Guil. Camden ; en Anglois. *Londres 1636. in 4.* ———

Diſſertation genealogique & hiſtorique ſur la Royale Famille des Stuarts, par Matthieu Kennedy ; en Anglois. *Paris 1705. in 8.*

Recueil d'Emblemes, Deviſes, Medailles & Figures hieroglyphiques, Chiffres fleuronnez, Supports, Cimiers, &c. par Nicolas Verrien. *Paris 1696. figur. in 8.* ———

La Logique, ou l'Art de penſer, par Jean Ozell ;

en

en Anglois. *Londres* 1717. *in* 12.

Abregé de l'Art Heraldique, avec le Catalogue de
la Noblesse d'Angleterre ; en Anglois. *Londres*
1683. *figur. in* 12.

L'Etat present de l'Angleterre sous le Roy Charles V.
II. par Edoüard Chamberlayne ; en Anglois.
Londres 1673. 2 *tomes en* 1 *vol. in* 12.

Le Livre des Comptes faits de Barreme. *in* 12.

Office du Martyre de S. Jean l'Evangeliste, à l'usage
des Secretaires du Roy. *in* 8.

N° 30 *de l'Inventaire.*

Æsopi Fabulæ, gr. lat. cum additionibus. *in* 16.

Cypriani Soarii Summa Rhetoricæ. *in* 16.

Galien des Simples, trad. par Jean Canappe. *in* 16.

Officium B. Virginis Mariæ, gr. lat. *in* 16.

Manuel de Prieres, en Anglois. *in* 16.

Sallustius. *Amstel. Jansson. in* 24.

Aurelius Victor de Viris illustribus urbis Romæ.
in 24.

Entretiens d'une Ame devote. *in* 24.

L'Eglise Romaine justifiée de toute sorte d'Idola-
trie, par Pean. *in* 24.

Les Ruës de Paris. *in* 12.

Le Portrait d'un Favori politique & chrétien dans
le Duc de Saint-Lucar ; en Anglois. *in* 12.

Le Gazetier de l'Europe, par Laurent Echard ;
en Anglois. *Londres* 1700. *in* 12.

Jardin d'Armoiries, contenant les Armes de plu-
sieurs Royaumes & Maisons de Germanie Infe-
rieure. *Gand* 1567. *in* 8.

Memoires de Stafford, ou Relation du Procès &
de la Mort de Guillaume Comte de Stafford ;
en Anglois. *Londres* 1682. *in* 12.

Démêlé de l'Esprit & du Jugement. *in* 12.

Le Catholique Scripturaire, ou le Plaidoyé des
Catholiques Romains, par Joseph Mumford
Jesuite ; en Anglois. *Londres* 1686. *in* 12.

B

Description des Pays-Bas ; en Anglois. *in 12.*

Plutarchi Opuscula ; latiné. *in 8.*

Alphabet ingenieux, ou Methode très - particuliere pour apprendre à lire en peu de jours ; par Jean Moulinier & Pierre Gobain. *Paris* 1718. *in 8.*

Le même. *Paris* 1727. *in 8.*

N° 31 *de l'Inventaire.*

Livre necessaire ou des Comptes faits, de Barreme. *in 12.*

L'Enfer ouvert aux Chrétiens, ou Considerations sur les peines de l'Enfer, trad. de l'Italien du R. Pinamonti Jesuite en Anglois. 1715. *in 12. figur.*

Recherches historiques & genealogiques des Grands d'Espagne, par J. G. Imhof. *Amsterd.* 1707 *figur. in 12.*

Merveilles de Rome. *Rome* 1718. *in 8.*

L'Encyclopedie des Beaux-Esprits, par le Sieur Saunier. *in 8.*

Dialogue entre le Diable boiteux & le Diable borgne, par le Noble. *in 12.*

Hermanni Hugonis pia Desideria, &c. *in 24. figur.*

Ciceronis Libri Rhetorici. *in 16.*

Ovidii Epistolæ Heroïdum, & Amatoria. *in 16.*

Indiculus universalis. *in 12.*

Le parfait Cavalier, ou les Expériences & Secrets de M. Markham pour les Chevaux ; en Anglois. *Londres* 1656. *in 12.*

Le Cesar Armorial, ou Recueil des Armes & Blasons de toutes les Maisons de France, par ordre alphabetique ; par C. D. G. (Cesar de Grand-Pré.) *Paris* 1645. *in 12.*

MS. contenant les Blasons de plusieurs Familles. *in 8.*

Oeuvres (Poësies) chrétiennes de M. Arnauld d'Andilly. *Paris, le Petit, in 12.*

Patch Work, ou l'Intelligence, en quatre chants,

(Piece en vers Anglois, contre quelques Au-
teurs modernes.) *in.* 8. ————————— *110*

N° 32 *de l'Inventaire.*

Pugna Spiritualis. *in* 24.
Virgilius. *in* 24.
Europe, Comédie heroïque. *in* 12.
Cujacii paratitla in Digesta. *in* 16.
Turfellinus de Particulis Latinis. *in* 16.
Barclaii Argenis. *in* 24.
Florus. *in* 24.
Steph. Roderici Pythagoras. *in* 24.
Manuel choisi, ou Secrets de Physique & de
    Chirurgie, recueillis & pratiquez par la Com-
    tesse de Kent; en Anglois.
Les vraies Delices des Demoiselles; en Anglois.
    in 24
Aldi Manutii Elegantiæ Latinæ. *in* 16. ———
La Brebis perduë retournée à la Maison, ou
    Motifs de Conversion à la Foy Catholique,
    par Thomas Vane; en Anglois. *Paris* 1648.
    in 12. ————
Explication des parties de l'Office & des Cere-
    monies de la Messe. *Paris*, *le Petit*, 1686.
    in 16. ———————————— *10*
— L'Etat present des Princes & Republiques d'Ita-
    lie, par J. Gailhard; en Anglois. *Londres* 1671.
    in 12.
— Le Palais des Curieux, contenant des Questions &
    Resolutions de Fortune, l'explication des Son-
    ges, &c. trad. du François en Anglois. *Londres*
    1688. *in* 12.
— L'Exercice de la Vie Chrétienne, trad. de l'Ita-
    lien de Gaspard Loarte Jesuite en Anglois. 1584.
    in 12.
Manuscrit Arabe, intitulé, Parterre Historique
    de Mehemet Ben Schaban. *in* 8. — *1 10*
— Grammaire Françoise. *in* 12.

Traité de Mignature. *Paris* 1711. *in* 12.

Esope, Comedie de le Noble. *in* 12. *figur.*

Poëmes & autres Ouvrages de Jean Cleaveland, en Anglois. 1656. *in* 8.

N° 33 *de l'Inventaire.*

Emblemata Amorum, figuris æneis incisa studio Othonis Vænii. *Anverpiæ* 1608. *in* 4. *oblongo.*

Methode de Physique, par Philippe Barrough; en Anglois. *Londres* 1639. *in* 4.

Hist. de la Ligue, trad. du François de Loüis Maimbourg en Anglois par M. Dryden. *Londres* 1684. *in* 8.

Hist. des Triumvirats, trad. du François en Anglois par Thomas Otway. *Londres* 1686. *in* 8.

Henr. Smetii Prosodia Latina. *in* 8.

Hudibras, Poëme Anglois en 3 parties, avec des annotations. *Londres* 1684. *in* 8. *imp.*

Le Chrétien interieur, ou la conformité interieure des Chrétiens avec J. C. traduit en Anglois sur la 12. édition Franç. *Anvers* 1684. *in* 8.

Regles de la Bienséance & de la Civilité chrétienne. *in* 8.

Partheneia sacra, ou le mysterieux & delicieux Jardin de la sacrée Parthenie, enrichi de Devises & d'Emblêmes à l'honneur de la Mere de Dieu; en Anglois. *Paris* 1633. *in* 8.

De la Noblesse, trad. de l'Italien de Torquato Tasso par Jean Baudoin. *in* 8. *imp.*

N° 34 *de l'Inventaire.*

Grammaire Italienne, d'Oudin. *in* 8.

Tropheos Lusitanos, per Ant. Soares Albergaria. *Lisboa* 1622. *figur. in* 4.

Dictionariolum Latino-Græco-Gallicum. *in* 8.

Grammaire Grecque. *in* 8.

Réponse aux raisons pour la Guerre Etrangere;

avec une courte vûë de la Vie & Regne d'Henry
   III. Roy d'Angleterre, par Robert Cotton ; en
   Anglois. *Londres* 1665. *in* 8.
— La seconde Nativité de Jesus, l'accomplissement
   de la premiere, ou la Conversion de l'Ame, trad.
   du François en Anglois par Jean Weldon. *Anvers*
   1686. *in* 8.
— Grammaire Espagnole d'Oudin. *in* 8.
— Heures. *in* 8. *imp.*
La Toscane Françoise-Italienne, de Gabriel Chap-
   puys. *Paris* 1601. *in* 8.
Clenardi Grammatica Græca. *in* 8. *imp.*
Tarifs des Taxes des Marchandises, Subsides, &c.
   en Anglois. *in* 8.
Horatius, cum annotat. Joannis Bond. *in* 12.
Observations sur le *Festin de Pierre* de Moliere. *in* 12.
Directeur Chrêtien ; en Anglois. *in* 12. *imp.*
Vie de *Sainte* Honorine Patrone de Constant. *in* 12.
Le Trompeur Galant, ou le Comte Brion ; en An-
   glois. *in* 12. *imp.*
Florus & Eutrope trad. par L. Constant. *in* 16. *imp.*
Melchioris Kling enarrationes in Institutiones Jus-
   tiniani. *in* 8.

N° 35 *de l'Inventaire.*

Radicum Græcarum synopsis. *in* 24.
Racines Latines mises en vers Franç. *in* 12.
La Metamorphose d'Ovide figurée. *in* 8. *figur.*
Sentimens des Peres sur des sujets de pieté pour
   tous les jours du mois. *in* 12.
La nouvelle Academie des Complimens, Lettres,
   &c. avec un Recueil de Chansons à la mode ; en
   Anglois. *Londres* 1671. *in* 12.
Aldi Manutii Elegantiæ Latinæ, Gallicæ factæ par
   Jac. Gaulterium. *in* 8.
Luciani selecti Dialogi Mortuorum, gr. lat. *in* 8.
Roma ricercata, da Fioravanti Martinelli. *Roma*
   1687. *in* 8.

Conradi Dinneri Epithetorum Græcorum farrago. *in 8.*

Quinte-Curce trad. en Anglois par Jean Brende. *Londres 1584. in 8.*

H. Robinfoni Phrafes Latinæ Scholæ Wintonienfis. *Londini 1685. in 8.*

Gerardo, l'Infortuné Efpagnol, ou l'exemple des Amans impudiques, trad. de l'Efpagnol de Dom. Gonçalo de Cefpedes y Menefes en Anglois par Leonard Digges. *in 8.*

Dictionnaire Anglois-Latin pour les Enfans, commencé par Withals, Evans & Fleming, & augmenté par Guil. Clerk. *Londres 1616. in 8.*

Livre de Chiffres par Alphabets redoublez, deffinez par Armand Defmarets. Sieur de S. Sorlin. 1664. *in 8.* — 12 ℔ 5 ſ

Nº 36 de l'Inventaire.

Dialogues & Débats Nuptiaux, ou détail des félicitez & miferes du Mariage, depuis le Thrône jufqu'à la Cabane, expofé en divers Poëmes Anglois ferieux, plaifans & fatyriques, par Edoüard Ward. *Londres 1710. 2 vol. in 8.* ——— 1 ℔

Inftruction chrétienne du Cardinal de Richelieu, trad. en Anglois par Thomas Carre : 30. édition. *Paris 1661. in 12.*

Julii Cæfaris Commentaria. *in 12.*

Scherzi geniali di Loredano. *in 12.*

Oeuvres de Moliere, en Anglois : tomes 1. 2. 5. & 6. *Londres 1714. 2 vol. in 12.*

Labbæi regulæ Accentuum & Spirituum Græc. *in 8.*

Imitation de J. C. trad. par J. Gerfon. *in 14.*

Andronicus, ou l'infortuné Politique, par Thomas Fuller, en Anglois. *Londres 1646. in 12.*

Epitres morales & autres Traitez de Seneque, trad. par le Sr. de Preffac. *in 12.*

Joach. Fortii & Defid. Erafmi tractatus de ratione Studii. *in 24.*

Ciceronis Orationes aliquot. *in 16. imp.*
Pharsale de Lucain, trad. en vers par Guil. de Bre-
beuf. *in 12*
Les Bons-Mots du Caffé ; en Anglois. *in 12.*
Horatius, cum annot. Joann. Boud. *in 12.*

---

*La Vente s'en fera en détail, au plus
offrant & dernier Encherisseur, le Lundi
18 Decembre 1730, rüe S. Jacques, vis-
à-vis la rüe du Plâtre.*

A PARIS,

De l'Imprimerie de la V. RONDET, ruë Saint-
Jacques, au Compas.